KB185983

# 스페인어 패턴 쓰기 노트

**스페인어 패턴 쓰기 노트**

지은이 임창희
펴낸이 임상진
펴낸곳 (주)넥서스

초판 1쇄 인쇄 2023년 10월 20일
초판 1쇄 발행 2023년 10월 25일

출판신고 1992년 4월 3일 제311-2002-2호
주소 10880 경기도 파주시 지목로 5
전화 (02)330-5500 팩스 (02)330-5555

ISBN 979-11-6683-596-4 13770

저자와 출판사의 허락 없이 내용의 일부를
인용하거나 발췌하는 것을 금합니다.
저자와의 협의에 따라서 인지는 붙이지 않습니다.

가격은 뒤표지에 있습니다.
잘못 만들어진 책은 구입처에서 바꾸어 드립니다.

www.nexusbook.com

매일 스페인어 문장 쓰기 루틴

# 스페인어 패턴 쓰기 노트

임창희 지음

Hola

넥서스

스페인어 패턴 쓰기 노트

# 이 책의 구성 및 활용

## STEP 1

### 3번 듣고 따라 써 보기

스페인어 패턴을 눈으로 먼저 익히고
원어민의 발음을 세 번씩 반복해서 들으세요.
그리고 패턴을 응용한 문장을 따라 써 보세요.

## STEP 2

### 우리말을 스페인어로 2번 듣고 말해 보기

패턴을 충분히 암기할 수 있도록 우리말 뜻에
해당하는 문장을 스페인어로 두 번씩 써 보세요.
또 직접 입으로 말해 보는 것이 중요합니다.

## STEP 3

# 핵심 패턴 체크하기

앞에서 배웠던 중요 스페인어 문장을 다시
한 번 말해 보고 암기한 것을 써 보세요.
듣기→쓰기→말하기 학습을 통해 스페인어
220문장을 통암기할 수 있게 됩니다.

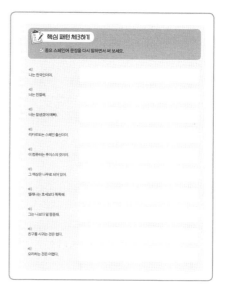

# MP3 듣기 & 다운로드 방법

책 속의 QR코드를 인식하면
원어민 MP3를 바로 재생할 수 있습니다.

**www.nexusbook.com**에서 다운로드 가능합니다.

❶ 원어민 MP3
❷ 핵심 패턴 체크하기 정답 PDF

# 스페인어 알파벳

● 오른쪽 빈칸에 대문자와 소문자를 각각 써 보세요.

| 대문자 | | 소문자 | | 발음 |
|---|---|---|---|---|
| A | | a | | [아] |
| B | | b | | [베] |
| C | | c | | [쎄] |
| Ch | | ch | | [체] |
| D | | d | | [데] |
| E | | e | | [에] |
| F | | f | | [에페] |
| G | | g | | [헤] |
| H | | h | | [아체] |
| I | | i | | [이] |
| J | | j | | [호따] |
| K | | k | | [까] |
| L | | l | | [엘레] |
| Ll | | ll | | [에예] |
| M | | m | | [에메] |

8

| 대문자 | | 소문자 | | 발음 |
|:---:|:---:|:---:|:---:|:---:|
| N | | n | | [에네] |
| Ñ | | ñ | | [에녜] |
| O | | o | | [오] |
| P | | p | | [뻬] |
| Q | | q | | [꾸] |
| R | | r | | [에레] |
| S | | s | | [에쎄] |
| T | | t | | [떼] |
| U | | u | | [우] |
| V | | v | | [우베] |
| W | | w | | [우베 도블레] |
| X | | x | | [에끼스] |
| Y | | y | | [이 그리에가] |
| Z | | z | | [쎄따] |

나 _____ 은/는
스페인어 패턴 쓰기 노트를
11일 동안 꾸준히 20문장씩 쓰면서
220문장을 암기하여
완전히 내것으로 만들겠다.

# ser 동사 익히기

1장에서는 영어의 be 동사에 해당하며 이름, 출신, 직업, 외모, 성격 등 일반적으로 변하지 않는 사실을 나타낼 때 사용되는 'ser 동사 (~이다)'를 활용하여 기초적이고 간단한 문장들을 만들어서 익혀 보도록 하겠습니다.

패턴 **1**

# Soy Felipe.

나는 펠리페야.

 **3번 듣고 스페인어 따라 써 보기**

001

나는 펠리페야.
## Soy Felipe.

002

나는 작가야.
## Soy autor(a).

003

나는 한국인이야.
## Soy coreano(a).

004

나는 학생이야.
## Soy estudiante.

 **TIP** ▶ 스페인어의 명사에는 남성과 여성이 있습니다. 일반적으로 -o로 끝나면 남성명사, -a로 끝나면 여성 명사입니다.

영어의 be 동사에 해당하는 ser 동사를 활용하여 다양한 구문을 만들어서 기초적인 표현을 쓸 수 있습니다. 스페인어는 인칭별로 동사가 변화하기 때문에 '나'에 해당하는 주어 yo를 생략하고 'Soy + 명사'를 사용하여 '나는 ~이다'라는 의미의 구문을 만들 수 있습니다.

## 🔊 우리말을 스페인어로 2번 쓰고 말해 보기 / 단어

나는 펠리페야.

🖉 _____

🖉 _____

**soy** 나는 ~이다(ser 동사의 1인칭 단수형)

나는 작가야.

🖉 _____

🖉 _____

**autor(a)** 작가

나는 한국인이야.

🖉 _____

🖉 _____

**coreano(a)** 한국인 **명**, 한국의 **형**

나는 학생이야.

🖉 _____

🖉 _____

**estudiante** 학생

## 2 Eres amable.

🎧 MP3 002

너는 친절해.

### 3번 듣고 스페인어 따라 써 보기

너는 친절해.
# Eres amable.

🎧
**005**
✓○○

너는 말랐어.
# Eres flaco(a).

🎧
**006**
✓○○

너는 잘생겼어(예뻐).
# Eres guapo(a).

🎧
**007**
✓○○

너는 뚱뚱해.
# Eres gordo(a).

🎧
**008**
✓○○

**TIP** ▶ 스페인어에서 각각 1인칭과 2인칭에 해당하는 주어 'Yo(나)'와 'Tú(너)'는 보통 생략하고 'Usted(당신)'는 생략 가능하지만 보통 붙여 줍니다. 그리고 'Él(그)', 'Ella(그녀)', 'Ellos(그들)', 'Ellas(그녀들)'와 같은 3인칭은 한 번 언급된 경우에 생략해 줍니다.

14

'…은/는 ~하다'라는 표현으로 'ser 동사 + 형용사'를 사용하여 주어의 성격, 특징 등을 표현할 수 있습니다. '너'에 해당하는 주어 tú를 생략하고 2인칭 동사 eres를 사용하여 문장을 만들어 봅시다.

## 🗣️ 우리말을 스페인어로 2번 쓰고 말해 보기

| | 단어 |

너는 친절해.

🖊 _____

🖊 _____

**amable** 친절한, 다정한

너는 말랐어.

🖊 _____

🖊 _____

**flaco(a)** 마른

너는 잘생겼어(예뻐).

🖊 _____

🖊 _____

**guapo(a)** 잘생긴, 예쁜

너는 뚱뚱해.

🖊 _____

🖊 _____

**gordo(a)** 뚱뚱한, 비만한

# 패턴 3 Ricardo es de España.

🎧 MP3 003

리카르도는 스페인 출신이야.

🔊 3번 듣고 스페인어 따라 써 보기

🎧 009 ✓○○

리카르도는 스페인 출신이야. (출신)

## Ricardo es de España.

🖊

🎧 010 ✓○○

이 컴퓨터는 루이스의 것이야. (소유)

## Esta computadora es de Luis.

🖊

🎧 011 ✓○○

그 책상은 나무로 되어 있어. (재료)

## El escritorio es de madera.

🖊

🎧 012 ✓○○

그 주스는 딸기로 만들어졌어. (재료)

## El jugo es de fresa.

🖊

16

전치사 de는 영어의 of나 from에 해당되는데 'ser 동사 + 전치사 de'를 사용하여 출신, 소유, 재료를 나타내는
표현을 만들 수 있습니다.

## 🗣 우리말을 스페인어로 2번 쓰고 말해 보기

| 단어 |

리카르도는 스페인 출신이야. (출신)

✏ _____

✏ _____

España 스페인

이 컴퓨터는 루이스의 것이야. (소유)

✏ _____

✏ _____

esta 이~, 이것(지시형용사
및 지시대명사 여성 단수형)
computadora 컴퓨터

그 책상은 나무로 되어 있어. (재료)

✏ _____

✏ _____

escritorio 책상
madera 나무, 목재

그 주스는 딸기로 만들어졌어. (재료)

✏ _____

✏ _____

jugo 주스
frcsa 딸기

17

패턴
4

# Ana **es más** alta **que** Julia.

아나는 훌리아보다 키가 커.

 **3번 듣고 스페인어 따라 써 보기**

013

아나는 훌리아보다 키가 커.

## Ana es más alta que Julia.

014

엘레나는 호세보다 똑똑해.

## Elena es más inteligente que José.

015

그는 나보다 덜 뚱뚱해.

## Él es menos gordo que yo.

016

호세피나는 리디아보다 덜 친절해.

## Josefina es menos amable que Lidia.

TIP

más는 '더, 더욱, 더 많은', menos는 '덜, 더 적게, 더 적은'이라는 의미로 부사나 형용사로 쓰이는 표현들입니다. más나 menos 다음에 나오는 형용사는 주어의 성수에 일치시켜 줍니다.

18

스페인어에서 우등비교는 'A es más + 형용사 + que B(A가 B보다 더 ~하다)', 열등비교는 'A es menos + 형용사 + que B(A가 B보다 덜 ~하다)'의 구문으로 표현할 수 있습니다.

| 🔊 우리말을 스페인어로 2번 쓰고 말해 보기 | 단어 |
|---|---|

아나는 훌리아보다 키가 커.

✏️ _____

✏️ _____

**alto(a)** 높은, 키가 큰

엘레나는 호세보다 똑똑해.

✏️ _____

✏️ _____

**inteligente** 똑똑한

그는 나보다 덜 뚱뚱해.

✏️ _____

✏️ _____

**gordo(a)** 뚱뚱한, 비만한

호세피나는 리디아보다 덜 친절해.

✏️ _____

✏️ _____

**amable** 친절한, 다정한

패턴 5

# Es fácil hacer amigos.

친구를 사귀는 것은 쉽다.

**3번 듣고 스페인어 따라 써 보기**

017

친구를 사귀는 것은 쉽다.
Es fácil hacer amigos.

018

스페인어를 배우는 것은 쉽다.
Es fácil aprender español.

019

요리하는 것은 어렵다.
Es difícil cocinar.

020

말을 많이 하는 것은 어렵다.
Es difícil hablar mucho.

---

**TIP** ▷ fácil은 '쉬운', difícil은 '어려운'이라는 뜻의 형용사입니다.

20

난이도를 나타내는 '~하는 것은 쉽다', '~하는 것은 어렵다'라는 문장은 'Es + 형용사 + 동사원형' 구문을 사용하여 각각 'Es fácil + 동사원형'과 'Es difícil + 동사원형'으로 표현해 줍니다.

## 🔊 우리말을 스페인어로 2번 쓰고 말해 보기

### 단어

친구를 사귀는 것은 쉽다.

✏️ _____

✏️ _____

**hacer amigos** 친구를 사귀다

스페인어를 배우는 것은 쉽다.

✏️ _____

✏️ _____

**aprender español** 스페인어를 배우다

요리하는 것은 어렵다.

✏️ _____

✏️ _____

**cocinar** 요리하다

말을 많이 하는 것은 어렵다.

✏️ _____

✏️ _____

**hablar mucho** 말을 많이 하다

## 핵심 패턴 체크하기

✓ 중요 스페인어 문장을 다시 말하면서 써 보세요.

🔊
나는 한국인이야.

🔊
너는 친절해.

🔊
너는 잘생겼어(예뻐).

🔊
리카르도는 스페인 출신이야.

🔊
이 컴퓨터는 루이스의 것이야.

🔊
그 책상은 나무로 되어 있어.

🔊
엘레나는 호세보다 똑똑해.

🔊
그는 나보다 덜 뚱뚱해.

🔊
친구를 사귀는 것은 쉽다.

🔊
요리하는 것은 어렵다.

# 02 estar 동사, hay 동사 익히기

2장에서는 영어의 be 동사에 해당하는 주어의 일시적인 기분, 상태, 위치 등을 묘사하는 'estar 동사(~이다, ~이/가 있다)'를 활용한 문장들을 익혀 보도록 하겠습니다. 또 영어의 There is ~, There are ~에 해당하는 불특정한 사람이나 사물의 존재 유무를 나타내는 'hay 동사(~이/가 있다)' 표현을 공부해 보겠습니다.

# 패턴 1

## Estoy feliz.

🎧 MP3 006

나는 행복해.

 **3번 듣고 스페인어 따라 써 보기**

**021**

나는 행복해.
## Estoy feliz.

**022**

나는 슬퍼.
## Estoy triste.

**023**

나는 화가 나.
## Estoy enojado(a).

**024**

나는 아파.
## Estoy enfermo(a).

**TIP** ▶ estoy는 'estar 동사(~이다, ~이/가 있다)'의 1인칭 단수형입니다.

24

영어의 be 동사에 해당하는 estar 동사를 사용하여 개인의 변화 가능한 일시적인 상태를 나타내는 '나는 ~(한 상태)이다'라는 뜻의 'Estoy + 형용사' 구문을 만들 수 있습니다.

## 🔊 우리말을 스페인어로 2번 쓰고 말해 보기

### 단어

나는 행복해.

✏️ _____

✏️ _____

feliz 행복한

나는 슬퍼.

✏️ _____

✏️ _____

triste 슬픈

나는 화가 나.

✏️ _____

✏️ _____

enojado(a) 화난, 성난

나는 아파.

✏️ _____

✏️ _____

enfermo(a) 아픈, 병에 걸린

25

🎧 MP3 007

# Estás bailando.

너는 춤추고 있어.

## 3번 듣고 스페인어 따라 써 보기

**025**

너는 춤추고 있어.

Estás bailando.

✏️ _____

**026**

너는 타코를 먹고 있어.

Estás comiendo tacos.

✏️ _____

**027**

너는 이메일을 쓰고 있어.

Estás escribiendo un e-mail.

✏️ _____

**028**

너는 과테말라에 살고 있어.

Estás viviendo en Guatemala.

✏️ _____

**TIP** ▶ estás는 'estar 동사(~이다, ~이/가 있다)'의 2인칭 단수형입니다.

스페인어에서 현재분사는 -ar로 끝나는 동사는 어간에 -ando를, -er이나 -ir로 끝나는 동사는 어간에 -iendo를 붙여서 만들어 줍니다. 'estar 동사 + 현재분사(-ando, -iendo)'를 사용하여 현재 진행 중인 행위를 나타낼 수 있습니다.

### 단어

너는 춤추고 있어.

✎ _____

✎ _____

**bailar** 춤추다

너는 타코를 먹고 있어.

✎ _____

✎ _____

**comer** 먹다

너는 이메일을 쓰고 있어.

✎ _____

✎ _____

**escribir** 쓰다
**e-mail** 이메일

너는 과테말라에 살고 있어.

✎ _____

✎ _____

**vivir** 살다
**en** ~에, ~안에
**Guatemala** 과테말라
(중앙아메리카의 공화국)

27

## 패턴 3

# Daniela está en casa.

다니엘라는 집에 있어.

 **3번 듣고 스페인어 따라 써 보기**

029

다니엘라는 집에 있어.
## Daniela está en casa.

030

이탈리아는 유럽에 있어.
## Italia está en Europa.

031

그 책은 서점에 있어.
## El libro está en la librería.

032

택시는 거리에 있어.
## El taxi está en la calle.

**TIP** ▶ está는 'estar 동사(~이다, ~이/가 있다)'의 3인칭 단수인 él, ella 및 usted의 단수형입니다.

28

전치사 en은 '~에, ~안에'라는 뜻으로 장소를 나타내는 명사 앞에 사용할 수 있습니다. 'estar + en'을 사용하여 '~(장소)에 있다'라는 주어의 위치를 나타내는 표현을 만들 수 있습니다.

## 🔊 우리말을 스페인어로 2번 쓰고 말해 보기

| 단어 |
| --- |

다니엘라는 집에 있어.

🖉 _____

🖉 _____

**casa** 집

이탈리아는 유럽에 있어.

🖉 _____

🖉 _____

**Italia** 이탈리아
**Europa** 유럽

그 책은 서점에 있어.

🖉 _____

🖉 _____

**libro** 책
**librería** 서점

택시는 거리에 있어.

🖉 _____

🖉 _____

**taxi** 택시
**calle** 거리, 길

MP3 009

# Hay un gato en el sofá.

소파에 고양이 한 마리가 있어.

 **3번 듣고 스페인어 따라 써 보기**

**033**

소파에 고양이 한 마리가 있어.

Hay un gato en el sofá.

**034**

정원에는 꽃이 많이 있어.

Hay muchas flores en el jardín.

**035**

문제 없어.

No hay problema.

**036**

그 파티에는 음식이 별로 없어.

No hay mucha comida en la fiesta.

 **TIP** ▶ estar는 특정한 대상(주어)의 위치를 말할 때 사용하고, hay는 불특정한 사람이나 사물의 존재 유무를 나타낼 때 사용합니다. 한국어로는 '~이/가 있다'라고 해석이 동일하므로 유의해야 합니다.

스페인어에서 영어의 There is ~, There are ~에 해당하는 hay 동사를 사용하여 '~이/가 있다, ~이/가 존재하다'의 의미로 불특정한 사람이나 사물의 존재 유무를 나타내는 표현을 만들 수 있습니다. 이때 뒤에 오는 명사는 단수 혹은 복수가 될 수 있습니다. 이에 대한 부정문은 hay 앞에 no를 붙여서 만들어 줍니다.

## 우리말을 스페인어로 2번 쓰고 말해 보기

## 단어

소파에 고양이 한 마리가 있어.

🖉 _____

🖉 _____

sofá 소파 (남)
en ~에, ~안에
gato 고양이

정원에는 꽃이 많이 있어.

🖉 _____

🖉 _____

mucho(a) 많은, 풍부한
flor 꽃
jardín 정원

문제 없어.

🖉 _____

🖉 _____

problema 문제 (남)

그 파티에는 음식이 별로 없어.

🖉 _____

🖉 _____

comida 음식
fiesta 파티

31

패턴 5

 **Hay nubes.**

🎧 MP3 010

구름이 꼈다.

 **3번 듣고 스페인어 따라 써 보기**

**037**

구름이 꼈다.
## Hay nubes.

**038**

안개가 꼈다.
## Hay niebla.

**039**

태풍이 분다.
## Hay tormenta.

**040**

번개가 친다.
## Hay relámpago.

 **TIP**

hacer 동사, estar 동사 등을 활용하는 그 밖의 날씨에 관련된 다양한 표현은 7장에서 다루도록 하겠습니다.

'hay 동사(〜이/가 있다)' 다음에 구름, 안개, 번개 등과 같은 명사를 붙여서 날씨를 나타내는 표현을 만들 수 있습니다.

## 🔊 우리말을 스페인어로 2번 쓰고 말해 보기

구름이 꼈다.

✎ _____

✎ _____

nube 구름 **여**

안개가 꼈다.

✎ _____

✎ _____

niebla 안개

태풍이 분다.

✎ _____

✎ _____

tormenta 태풍

번개가 친다.

✎ _____

✎ _____

relámpago 번개

✓ 중요 스페인어 문장을 다시 말하면서 써 보세요.

🔊
나는 행복해.

🔊
나는 슬퍼.

🔊
너는 타코를 먹고 있어.

🔊
이탈리아는 유럽에 있어.

🔊
그 책은 서점에 있어.

🔊
정원에는 꽃이 많이 있어.

🔊
문제 없어.

🔊
구름이 꼈다.

🔊
태풍이 분다.

🔊
번개가 친다.

# CAPÍTULO

# 03

# 기초 문장 만들기

스페인어에는 동사원형이 –ar, –er, –ir로 끝나는 세 종류의 동사들이 있습니다. 동사는 규칙동사와 불규칙동사로 나뉘며 총 여섯 가지로 구분되는 각각의 인칭대명사에 따라서 동사가 변화합니다. 규칙동사 변화와 해당 동사들만 암기하여도 상당히 많은 스페인어 표현을 구사할 수 있습니다.

**패턴 1**

# Yo hablo español.

🎧 MP3 011

나는 스페인어를 (말)해.

 **3번 듣고 스페인어 따라 써 보기**

---

🎧 **041**

나는 스페인어를 (말)해.

## Yo hablo español.

---

🎧 **042**

나는 탱고를 춰.

## Yo bailo tango.

---

🎧 **043**

나는 빵을 먹어.

## Yo como pan.

---

🎧 **044**

나는 서울에 살아.

## Yo vivo en Seúl.

36

-ar, -er, -ir로 끝나는 규칙동사의 1인칭 단수형은 'hablar(말하다)' → hablo, 'bailar(춤추다)' → bailo, 'comer(먹다)' → como, 'vivir(살다)' → vivo와 같이 변화합니다.

## 우리말을 스페인어로 2번 쓰고 말해 보기

나는 스페인어를 (말)해.

✎ _____

✎ _____

나는 탱고를 춰.

✎ _____

✎ _____

나는 빵을 먹어.

✎ _____

✎ _____

나는 서울에 살아.

✎ _____

✎ _____

## 패턴 2

**Tú tocas el violín.**

🎧 MP3 012

너는 바이올린을 연주해.

### 3번 듣고 스페인어 따라 써 보기

너는 바이올린을 연주해.
# Tú tocas el violín.

**045**
✓○○

너는 콜롬비아 역사를 배워.
# Tú aprendes la historia de Colombia.

**046**
✓○○

너는 소설을 써.
# Tú escribes una novela.

**047**
✓○○

너는 메시지를 받아.
# Tú recibes un mensaje.

**048**
✓○○

**TIP** ▶ 스페인어에서 'Yo(나)'와 'Tú(너)'는 주어가 누구인지가 명확하기 때문에 생략해서 표현하는 경우가 많습니다.

38

-ar, -er, -ir로 끝나는 규칙동사의 2인칭 단수형은 'tocar(연주하다, 만지다)' → tocas, 'aprender(배우다)' → aprendes, 'escribir(쓰다)' → escribes, 'recibir(받다)' → recibes와 같이 변화합니다.

## 🗣 우리말을 스페인어로 2번 쓰고 말해 보기

단어

너는 바이올린을 연주해.

✎ _____

✎ _____

tocar el violín 바이올
린을 연주하다

너는 콜롬비아 역사를 배워.

✎ _____

✎ _____

aprender 배우다
historia 역사
de ~의
Colombia 콜롬비아
(남아메리카의 공화국)

너는 소설을 써.

✎ _____

✎ _____

escribir 쓰다
novela 소설

너는 메시지를 받아.

✎ _____

✎ _____

recibir 받다
mensaje 메시지

39

패턴 3

🎧 MP3 013

# Carlos vive aquí.

카를로스는 여기에 살아.

**3번 듣고 스페인어 따라 써 보기**

049

카를로스는 여기에 살아.

Carlos vive aquí.

050

카를로스는 혼자 여행해.

Carlos viaja solo.

051

카를로스는 티셔츠를 사.

Carlos compra una camiseta.

052

카를로스는 집에서 쉬어.

Carlos descansa en casa.

-ar, -er, -ir로 끝나는 규칙동사의 3인칭 단수형은 'vivir(살다)' → vive, 'viajar(여행하다)' → viaja, 'comprar(사다)' → compra, 'descansar(쉬다)' → descansa와 같이 변화합니다.

## 🔊 우리말을 스페인어로 2번 쓰고 말해 보기

| 단어 |
| --- |

카를로스는 여기에 살아.

🖉 _____

🖉 _____

**aquí** 여기, 이곳에

카를로스는 혼자 여행해.

🖉 _____

🖉 _____

**viajar** 여행하다
**solo** 혼자의, 유일의 **형**,
오직 **부**

카를로스는 티셔츠를 사.

🖉 _____

🖉 _____

**comprar** 사다
**camiseta** 티셔츠

카를로스는 집에서 쉬어.

🖉 _____

🖉 _____

**descansar** 쉬다
**en** ~에서, ~안에서
**casa** 집

41

## No comemos mucho.

🎧 MP3 014

우리는 많이 먹지 않아.

**3번 듣고 스페인어 따라 써 보기**

우리는 많이 먹지 않아.

### No comemos mucho.

🖉 _____

우리는 도서관에서 공부를 하지 않아.

### No estudiamos en la biblioteca.

🖉 _____

우리는 노래를 잘 부르지 못해.

### No cantamos bien.

🖉 _____

우리는 밤에 일하지 않아.

### No trabajamos por la noche.

🖉 _____

**TIP** ▶ -ar로 끝나는 규칙동사의 1인칭 복수형은 -amos로, -er로 끝나는 규칙동사는 -emos로, -ir로 끝나는 규칙동사는 -imos로 변화합니다.

스페인어에서 문장의 부정문을 만들 때에는 동사 앞에 **no**를 붙여 줍니다. 영어에서처럼 조동사를 사용하지 않기 때문에 좀 더 쉽게 익히고 활용할 수 있습니다. 또한 부정문 역시 동사의 형태를 통해 주어를 유추할 수 있을 때에는 주어를 생략할 수 있습니다.

## 🗣 우리말을 스페인어로 2번 쓰고 말해 보기

| 단어 |
| --- |

우리는 많이 먹지 않아.

✎ _____

✎ _____

**comer** 먹다
**mucho** 많은, 풍부한 **형**,
많이, 매우, 정말로 **부**

우리는 도서관에서 공부를 하지 않아.

✎ _____

✎ _____

**estudiar** 공부하다
**biblioteca** 도서관

우리는 노래를 잘 부르지 못해.

✎ _____

✎ _____

**cantar** 노래하다
**bien** 잘, 맞게

우리는 밤에 일하지 않아.

✎ _____

✎ _____

**trabajar** 일하다
**por la noche** 밤에

## ¿Habla Carolina por teléfono?

카롤리나는 통화를 하니?

3번 듣고 스페인어 따라 써 보기

**057**

카롤리나는 통화를 하니?
### ¿Habla Carolina por teléfono?

**058**

카롤리나는 창문을 여니?
### ¿Abre Carolina la ventana?

**059**

카롤리나는 도움이 필요하니?
### ¿Necesita Carolina ayuda?

**060**

카롤리나는 저녁 식사를 준비하니?
### ¿Prepara Carolina la cena?

스페인어에서 의문문은 주어와 동사의 위치를 바꾸고 물음표를 붙여 줍니다. 물음표는 의문문의 앞뒤에 각각 ¿와 ?를 넣어 줍니다. 그리고 평서문 자체에 물음표를 붙여서 "¿Tú eres estudiante?(너는 학생이니?)"와 같이 의문문을 만들 수도 있습니다. 이때의 억양은 문장의 끝을 살짝 올려 주면 됩니다.

## 우리말을 스페인어로 2번 쓰고 말해 보기

카롤리나는 통화를 하니?

🖎 _____

🖎 _____

**hablar por teléfono**
통화를 하다

카롤리나는 창문을 여니?

🖎 _____

🖎 _____

**abrir** 열다
**ventana** 창문

카롤리나는 도움이 필요하니?

🖎 _____

🖎 _____

**necesitar** 필요하다
**ayuda** 도움, 협조

카롤리나는 저녁 식사를 준비하니?

🖎 _____

🖎 _____

**preparar** 준비하다
**cena** 저녁 식사

45

## 핵심 패턴 체크하기

✓ 중요 스페인어 문장을 다시 말하면서 써 보세요.

🔊
나는 스페인어를 말해.

🔊
나는 서울에 살아.

🔊
너는 콜롬비아 역사를 배워.

🔊
너는 메시지를 받아.

🔊
카를로스는 여기에 살아.

🔊
카를로스는 집에서 쉬어.

🔊
우리는 많이 먹지 않아.

🔊
우리는 밤에 일하지 않아.

🔊
카롤리나는 통화를 하니?

🔊
카롤리나는 저녁 식사를
준비하니?

# 04

# gustar 동사 익히기

## 061-080

'기쁨을 주다, 즐거움을 주다'라는 뜻을 가진 gustar 동사와 간접목적격 대명사(me, te, le, nos, os, les)를 사용하여 '～을/를 좋아하다'라는 의미의 구문을 만들 수 있습니다. 이때 간접목적격 대명사가 의미상의 주어가 됩니다. 예를 들어 "Me gusta bailar."는 "춤추는 것이 나에게 기쁨을 준다.", 즉 "나는 춤추는 것을 좋아한다."라는 의미가 됩니다.

MP3 016

# Me gusta el mango.

나는 망고를 좋아해.

 **3번 듣고 스페인어 따라 써 보기**

**061**

나는 망고를 좋아해.

## Me gusta el mango.

---

**062**

나는 초콜릿을 좋아해.

## Me gusta el chocolate.

---

**063**

나는 봄과 가을을 좋아해.

## Me gustan la primavera y el otoño.

---

**064**

나는 로맨스 영화를 좋아해.

## Me gustan las películas románticas.

---

**TIP** gusta는 'gustar 동사(기쁨을 주다, 즐거움을 주다)'의 3인칭 단수형입니다.

48

gustar 동사는 '~을/를 좋아하다'라고 자연스럽게 해석할 수 있습니다. gustar 동사 앞에 간접목적격 대명사 (me, te, le, nos, os, les)를 붙여서 의미상의 주어를 표시해 줍니다. 여기서 기쁨을 주는 대상이 단수명사인 경우에는 'Me gusta + 단수명사(~은/는 나에게 기쁨을 준다, 나는 ~을/를 좋아한다)', 복수명사인 경우에는 'Me gustan + 복수명사(~들은 나에게 기쁨을 준다, 나는 ~들을 좋아한다)'와 같은 구문으로 표현할 수 있습니다.

## 🗣 우리말을 스페인어로 2번 쓰고 말해 보기 　　　　　단어

나는 망고를 좋아해.

✎ _____

✎ _____

**me** 나를, 나에게(직접, 간접목적격 대명사)
**mango** 망고

나는 초콜릿을 좋아해.

✎ _____

✎ _____

**chocolate** 초콜릿

나는 봄과 가을을 좋아해.

✎ _____

✎ _____

**primavera** 봄
**y** ~와/과
**otoño** 가을

나는 로맨스 영화를 좋아해.

✎ _____

✎ _____

**película** 영화
**romántico(a)** 낭만적인, 로맨틱한

49

# Te gusta cocinar.

너는 요리하는 걸 좋아해.

 **3번 듣고 스페인어 따라 써 보기**

너는 요리하는 걸 좋아해.
## Te gusta cocinar.

너는 스키 타는 걸 좋아해.
## Te gusta esquiar.

너는 수영하고 일광욕하는 걸 좋아해.
## Te gusta nadar y tomar el sol.

너는 통화하는 걸 좋아해.
## Te gusta hablar por teléfono.

**TIP** ▶ 좋아하는 행위를 나타내는 두 개 이상의 동사가 함께 나와도 3인칭 단수형인 gusta를 사용함에 유의하세요.

gustar 동사 다음에 동사원형을 넣어 주면 '~하는 것을 좋아한다'라는 의미가 됩니다. 이때 'Te gusta + 동사원형' 구문을 사용하면 '너는 ~하는 것을 좋아한다'라는 의미가 됩니다.

## 🔊 우리말을 스페인어로 2번 쓰고 말해 보기

| | 단어 |
|---|---|

너는 요리하는 걸 좋아해.

✎ _____

✎ _____

cocinar 요리하다

너는 스키 타는 걸 좋아해.

✎ _____

✎ _____

esquiar 스키를 타다

너는 수영하고 일광욕하는 걸 좋아해.

✎ _____

✎ _____

nadar 수영하다
tomar el sol 일광욕을
하다

너는 통화하는 걸 좋아해.

✎ _____

✎ _____

hablar por teléfono
통화를 하다

🎧 MP3 **018**

# ¿Te gusta la comida coreana?

너 한국 음식 좋아하니?

 **3번 듣고 스페인어 따라 써 보기**

**069**

너 한국 음식 좋아하니?
## ¿Te gusta la comida coreana?

**070**

응, 정말 좋아해.
## Sí, me gusta mucho.

**071**

너 아이스크림 좋아하니?
## ¿Te gusta el helado?

**072**

아니, 안 좋아해.
## No, no me gusta.

gustar 동사 구문의 문장을 의문문으로 만들 때에는 문장의 맨 앞과 맨 끝부분에 물음표를 붙여 줍니다. 이에 대해서 "Sí, me gusta.(응, 좋아해.)", "No, no me gusta.(아니, 안 좋아해.)"라고 대답할 수 있습니다.

## 우리말을 스페인어로 2번 쓰고 말해 보기

### 단어

너 한국 음식 좋아하니?

✏️ _____

✏️ _____

**comida** 음식
**coreano(a)** 한국의 형

응, 정말 좋아해.

✏️ _____

✏️ _____

**sí** 네
**mucho** 많이, 매우, 정말로

너 아이스크림 좋아하니?

✏️ _____

✏️ _____

**helado** 아이스크림

아니, 안 좋아해.

✏️ _____

✏️ _____

**no** 아니요

## 패턴 4

# No nos gusta merendar.

우리는 간식 먹는 걸 안 좋아해.

## 3번 듣고 스페인어 따라 써 보기

**073**

우리는 간식 먹는 걸 안 좋아해.

No nos gusta merendar.

**074**

우리는 쇼핑 가는 걸 안 좋아해.

No nos gusta ir de compras.

**075**

우리는 피자를 안 좋아해.

No nos gusta la pizza.

**076**

우리는 밀크 커피를 안 좋아해.

No nos gusta el café con leche.

gustar 동사 구문을 부정문으로 만들 때에는 간접목적격 대명사(me, te, le, nos, os, les) 앞에 no를 붙여 줍니다.

| | 단어 |
|---|---|

우리는 간식 먹는 걸 안 좋아해.

✎ _____

✎ _____

merendar 간식 먹다

우리는 쇼핑 가는 걸 안 좋아해.

✎ _____

✎ _____

ir de compras 쇼핑 가다

우리는 피자를 안 좋아해.

✎ _____

✎ _____

pizza 피자

우리는 밀크 커피를 안 좋아해.

✎ _____

✎ _____

café con leche 밀크 커피

🎧 MP3 020

# Me encanta jugar al fútbol.

나는 축구를 하는 걸 정말 좋아해.

## 3번 듣고 스페인어 따라 써 보기

**077**
✓◯◯

나는 축구를 하는 걸 정말 좋아해.

### Me encanta jugar al fútbol.

✏ _____

**078**
✓◯◯

나는 과일을 먹는 걸 정말 좋아해.

### Me encanta comer frutas.

✏ _____

**079**
✓◯◯

나는 햄버거를 정말 좋아해.

### Me encanta la hamburguesa.

✏ _____

**080**
✓◯◯

나는 이 인형을 정말 좋아해.

### Me encanta esta muñeca.

✏ _____

**TIP** ▶ mucho는 '매우, 몹시, 정말로'라는 뜻으로, "Me gusta mucho jugar al fútbol." 문장도 "나는 축구를 하는 걸 정말 좋아해."라는 동일한 의미가 됩니다.

'Me encanta ~'는 '나는 ~하는 것을 정말 좋아한다, 나는 ~을/를 정말 좋아한다'라는 뜻으로 'Me gusta mucho ~' 대신 사용할 수 있습니다.

## 🗣 우리말을 스페인어로 2번 쓰고 말해 보기

| 단어 |
| --- |

나는 축구를 하는 걸 정말 좋아해.

✎ _____

✎ _____

jugar al fútbol 축구를
하다

나는 과일을 먹는 걸 정말 좋아해.

✎ _____

✎ _____

comer 먹다
fruta 과일

나는 햄버거를 정말 좋아해.

✎ _____

✎ _____

hamburguesa 햄버거

나는 이 인형을 정말 좋아해.

✎ _____

✎ _____

esta 이~, 이것(지시형용사
및 지시대명사 여성 단수형)
muñeca 인형

# 핵심 패턴 체크하기

🔊
나는 망고를 좋아해.

🔊
나는 로맨스 영화를 좋아해.

🔊
너는 요리하는 걸 좋아해.

🔊
너는 통화하는 걸 좋아해.

🔊
너 한국 음식 좋아하니?

🔊
아니, 안 좋아해.

🔊
우리는 간식 먹는 걸 안 좋아해.

🔊
우리는 밀크 커피를 안 좋아해.

🔊
나는 축구를 하는 걸 정말 좋아해.

🔊
나는 햄버거를 정말 좋아해.

# 05 poder 동사, querer 동사 익히기

영어의 can에 해당하는 poder 동사를 사용하여 'poder + 동사원형' 구문으로 '~할 수 있다'라는 표현을 만들 수 있습니다. 의문문을 만들 때에는 문장 앞뒤에 물음표를 붙여 주고 끝을 올려서 읽어 주며, '~할 수 없다'라는 부정문을 표현할 때에는 poder 앞에 no를 붙여 줍니다. 한편, 'querer + 명사'를 사용하면 '~을/를 원한다', 'querer + 동사원형'을 사용하면 '~하고 싶다'라는 의미가 됩니다. poder 동사와 마찬가지로 의문문은 문장 앞뒤에 물음표를 붙여서 만들어 주고 부정문은 querer 앞에 no를 붙여 줍니다.

## 패턴 1

🎧 MP3 021

# Puedo conducir.

나는 운전할 수 있어.

 **3번 듣고 스페인어 따라 써 보기**

🎧 **081**
✅○○

나는 운전할 수 있어.
Puedo conducir.

🎧 **082**
✅○○

나는 스페인어를 조금 (말)할 수 있어.
Puedo hablar español un poco.

🎧 **083**
✅○○

나는 수영할 수 있어.
Puedo nadar.

🎧 **084**
✅○○

나는 그 차를 살 수 있어.
Puedo comprar el coche.

**TIP** ▶ 영어와 마찬가지로 스페인어에서도 'poder(~할 수 있다)'와 같은 조동사 다음에 동사가 나올 경우에 동사원형을 사용해 줍니다.

'poder 동사(~할 수 있다)'는 어간모음변화 동사로 1인칭, 3인칭 복수형을 제외한 동사변화에서 o → ue로 바뀝니다. 즉, puedo, puedes, puede, podemos, podéis, pueden로 변화합니다.

## 🔊 우리말을 스페인어로 2번 쓰고 말해 보기

나는 운전할 수 있어.

🖎 _____

🖎 _____

conducir 운전하다

나는 스페인어를 조금 (말)할 수 있어.

🖎 _____

🖎 _____

hablar 말하다
español 스페인어

나는 수영할 수 있어.

🖎 _____

🖎 _____

nadar 수영하다

나는 그 차를 살 수 있어.

🖎 _____

🖎 _____

comprar 사다
coche 자동차

MP3 022

# No puedes fumar aquí.

너 여기서 담배 피우면 안 돼.

🎧 **3번 듣고 스페인어 따라 써 보기**

085

너 여기서 담배 피우면 안 돼.

## No puedes fumar aquí.

---

086

너 이거 만지면 안 돼.

## No puedes tocar esto.

---

087

너 공원에서 소리지르면 안 돼.

## No puedes gritar en el parque.

---

088

너 지금 놀면 안 돼.

## No puedes jugar ahora.

poder 동사 앞에 no를 붙여서 '~할 수 없어, ~하면 안 돼'라는 의미의 문장을 만들 수 있습니다.

## 🔊 우리말을 스페인어로 2번 쓰고 말해 보기

너 여기서 담배 피우면 안 돼.

✏️ _____

✏️ _____

**fumar** 담배 피우다
**aquí** 여기, 이곳에

너 이거 만지면 안 돼.

✏️ _____

✏️ _____

**tocar** 만지다, 연주하다
**esto** 이것, 이곳(대명사)

너 공원에서 소리지르면 안 돼.

✏️ _____

✏️ _____

**gritar** 소리지르다
**en el parque** 공원에서

너 지금 놀면 안 돼.

✏️ _____

✏️ _____

**jugar** 놀다
**ahora** 지금, 현재

🎧 MP3 023

# ¿Se puede usar el Internet?

인터넷을 사용할 수 있나요?

## 3번 듣고 스페인어 따라 써 보기

🎧 089

인터넷을 사용할 수 있나요?

### ¿Se puede usar el Internet?

🎧 090

들어가도 되나요?

### ¿Se puede entrar?

🎧 091

신용카드로 결제할 수 있나요?

### ¿Se puede pagar con tarjeta de crédito?

🎧 092

알약을 우유와 함께 먹어도 되나요?

### ¿Se puede tomar pastillas con leche?

특정한 주어가 아닌 일반적이거나 불특정 다수를 나타낼 때 '무인칭의 se + 3인칭 단수형'을 사용하면 '사람들이 ~하다', 또는 '(일반적으로) ~하다'라는 의미가 됩니다. 따라서 poder의 3인칭 단수형인 puede를 사용하면 일반적으로 '~할 수 있다, ~해도 된다'라는 의미입니다.

## 🗣 우리말을 스페인어로 2번 쓰고 말해 보기

단어

인터넷을 사용할 수 있나요?

🖊 _____

🖊 _____

usar 사용하다
Internet 인터넷 (남)

들어가도 되나요?

🖊 _____

🖊 _____

entrar 들어가다

신용카드로 결제할 수 있나요?

🖊 _____

🖊 _____

pagar 지불하다
con ~으로
tarjeta de crédito
신용카드

알약을 우유와 함께 먹어도 되나요?

🖊 _____

🖊 _____

tomar pastillas
알약을 먹다
con ···의/과 함께
leche 우유 (여)

## 패턴 4

🎧 MP3 024

# Quiero un pastel de queso.

나는 치즈 케이크를 원해.

 **3번 듣고 스페인어 따라 써 보기**

🎧 **093**

나는 치즈 케이크를 원해.

Quiero un pastel de queso.

🎧 **094**

나는 이 원피스를 원해.

Quiero este vestido.

🎧 **095**

나는 포르투갈어를 공부하길 원해.

Quiero estudiar portugués.

🎧 **096**

나는 유럽을 여행하길 원해.

Quiero viajar por Europa.

66

'quiero + 명사'를 사용하면 '나는 ~을/를 원하다'라는 의미이고 'quiero + 동사원형'을 사용하면 나는 '~하고 싶다, ~하길 원하다'라는 의미의 구문이 됩니다.

## 🔊 우리말을 스페인어로 2번 쓰고 말해 보기

나는 치즈 케이크를 원해.

🖊 _____

🖊 _____

pastel de queso 치즈
케이크

나는 이 원피스를 원해.

🖊 _____

🖊 _____

este 이~, 이것(지시형용사
및 지시대명사 남성 단수형)
vestido 원피스

나는 포르투갈어를 공부하길 원해.

🖊 _____

🖊 _____

estudiar 공부하다
portugués 포르투갈어

나는 유럽을 여행하길 원해.

🖊 _____

🖊 _____

viajar por ~을/를 여행
하다

# ¿Quieres tomar un café conmigo?

🎧 MP3 025

나랑 커피 한 잔 할래?

 **3번 듣고 스페인어 따라 써 보기**

097

✓◯◯

나랑 커피 한 잔 할래?

## ¿Quieres tomar un café conmigo?

🖉 _____

098

✓◯◯

중국 음식 먹고 싶니?

## ¿Quieres comer comida china?

🖉 _____

099

✓◯◯

물 한 잔 줄까?

## ¿Quieres un vaso de agua?

🖉 _____

100

✓◯◯

사과 줄까? 오렌지 줄까?

## ¿Quieres una manzana o una naranja?

🖉 _____

'¿Quieres + 동사원형 ~?'을 사용하여 '너는 ~하기를 원하니?'라는 의문문을, '¿Quieres + 명사 ~?'를 사용하여 '너는 ~을/를 원하니?'라는 의문문을 만들어 상대방에게 권유할 수 있습니다.

## 🔊 우리말을 스페인어로 2번 쓰고 말해 보기

**단어**

나랑 커피 한 잔 할래?

✎ _____

✎ _____

tomar un café 커피를 한잔마시다
conmigo 나와함께

중국 음식 먹고 싶니?

✎ _____

✎ _____

comer 먹다
comida china 중국 음식

물 한 잔 줄까?

✎ _____

✎ _____

un vaso de agua 물 한잔

사과 줄까? 오렌지 줄까?

✎ _____

✎ _____

manzana 사과
o 또는
naranja 오렌지

# 핵심 패턴 체크하기

✔ 중요 스페인어 문장을 다시 말하면서 써 보세요.

🔊
나는 운전할 수 있어.

🔊
나는 그 차를 살 수 있어.

🔊
너 여기서 담배 피우면 안 돼.

🔊
너 이거 만지면 안 돼.

🔊
인터넷을 사용할 수 있나요?

🔊
신용카드로 결제할 수 있나요?

🔊
나는 치즈 케이크를 원해.

🔊
나는 유럽을 여행하길 원해.

🔊
나랑 커피 한 잔 할래?

🔊
물 한 잔 줄까?

# 06 의무와 당위성을 나타내는 표현 익히기

101-120

스페인어에서 의무를 나타내는 표현으로는 대표적으로 세 가지가 있습니다. 보통 특정한 주어의 의무를 나타낼 때에는 'tener que + 동사원형(…은/는 ~해야 한다)'을 사용하고 좀 더 강한 의무를 나타낼 때에는 'deber + 동사원형(…은/는 ~해야만 한다)', 그리고 불특정 다수의 보편적인 의무를 표현할 경우에는 'hay que + 동사원형(~해야 한다)'을 사용합니다.

🎧 MP3 026

# Tengo que adelgazar.

나는 살 빼야 해.

101

나는 살 빼야 해.

## Tengo que adelgazar.

102

나는 지금 자야 해.

## Tengo que dormir ahora.

103

나는 돈을 벌어야 해.

## Tengo que ganar dinero.

104

나는 방을 청소해야 해.

## Tengo que limpiar la habitación.

**TIP** ▶ tengo는 'tener(가지다, 소유하다)'의 1인칭 단수형입니다.

'tener que + 동사원형'은 '···은/는 ~해야 한다'라는 당위성을 나타내는 표현으로, 특정 주어의 의무를 나타냅니다.

## 🗣 우리말을 스페인어로 2번 쓰고 말해 보기

나는 살 빼야 해.

✏️ _____

✏️ _____

**adelgazar** (몸을) 날씬하게 하다, (체중을) 줄이다

나는 지금 자야 해.

✏️ _____

✏️ _____

**dormir** 자다, 잠들다
**ahora** 지금, 현재

나는 돈을 벌어야 해.

✏️ _____

✏️ _____

**ganar dinero** 돈을 벌다

나는 방을 청소해야 해.

✏️ _____

✏️ _____

**limpiar** 청소하다, 깨끗하게 하다
**habitación** 방

73

**패턴 2**

🎧 MP3 027

# No tienes que llegar temprano.

너 일찍 도착 안 해도 돼.

**3번 듣고 스페인어 따라 써 보기**

🎧 **105**

너 일찍 도착 안 해도 돼.
## No tienes que llegar temprano.

🎧 **106**

너 돈을 많이 안 벌어도 돼.
## No tienes que ganar mucho dinero.

🎧 **107**

너 설거지 안 해도 돼.
## No tienes que fregar los platos.

🎧 **108**

너 안 나가도 돼.
## No tienes que salir.

74

'tener que + 동사원형'의 부정문인 'no tener que + 동사원형'은 '…은/는 ~하면 안 된다'라는 의미도 있지만 '꼭 ~해야 하는 것은 아니다(~할 필요가 없다)'라는 의미로 더 자주 사용됩니다.

## 🗣 우리말을 스페인어로 2번 쓰고 말해 보기

| | 단어 |

너 일찍 도착 안 해도 돼.

🖊 _____

🖊 _____

**llegar temprano** 일찍 도착하다

너 돈을 많이 안 벌어도 돼.

🖊 _____

🖊 _____

**ganar mucho dinero** 돈을 많이 벌다

너 설거지 안 해도 돼.

🖊 _____

🖊 _____

**fregar los platos** 설거지를 하다

너 안 나가도 돼.

🖊 _____

🖊 _____

**salir** 나가다, 나오다

75

MP3 028

# Debemos cambiar nuestros planes.

우리는 계획을 변경해야만 해.

 3번 듣고 스페인어 따라 써 보기

109
✓○○

우리는 계획을 변경해야만 해.
### Debemos cambiar nuestros planes.

110
✓○○

우리는 제시간에 도착해야만 해.
### Debemos llegar a tiempo.

111
✓○○

우리는 집에 돌아가야만 해.
### Debemos volver a casa.

112
✓○○

우리는 법을 지켜야만 해.
### Debemos obedecer las leyes.

**TIP** ▶ deber는 '의무, 책무, 채무, 빚' 등의 의미를 가진 명사로도 사용되며, 복수형인 deberes는 '숙제, 과제'를 의미합니다.

'deber + 동사원형'은 '…은/는 ~해야만 한다'라는 의미로, 'tener que ~'보다 좀 더 강한 의무를 나타내는 표현으로 주로 사용됩니다.

## 🔊 우리말을 스페인어로 2번 쓰고 말해 보기

### 단어

우리는 계획을 변경해야만 해.

✎ _____

✎ _____

**cambiar** 바꾸다, 변경하다
**nuestro** 우리의(소유 형용사 1인칭 복수형)
**plan** 계획, 플랜

우리는 제시간에 도착해야만 해.

✎ _____

✎ _____

**llegar a tiempo** 제시간에 도착하다

우리는 집에 돌아가야만 해.

✎ _____

✎ _____

**volver a casa** 귀가하다, 집에 돌아가다

우리는 법을 지켜야만 해.

✎ _____

✎ _____

**obedecer** 복종하다, (명령을) 준수하다
**ley** 법률, 법 **여**

# 패턴 4

## Los menores no deben fumar.

미성년자들은 담배를 피우면 안 된다.

 **3번 듣고 스페인어 따라 써 보기**

---

113

미성년자들은 담배를 피우면 안 된다.

**Los menores no deben fumar.**

---

114

같은 실수를 반복하면 안 된다.

**No deben repetir los mismos errores.**

---

115

콘택트렌즈를 끼고 자면 안 된다.

**No deben dormir con lentes de contacto.**

---

116

아이들은 커피를 마시면 안 된다.

**Los niños no deben tomar café.**

deber 동사를 사용하여 부정문을 만들면 '~하면 안 된다'라는 금지의 의미를 나타낼 수 있습니다.

## 🗣 우리말을 스페인어로 2번 쓰고 말해 보기

### 단어

미성년자들은 담배를 피우면 안 된다.

✏️ _____

✏️ _____

menor 미성년자
fumar 담배 피우다

같은 실수를 반복하면 안 된다.

✏️ _____

✏️ _____

repetir 되풀이하다, 반복
하다
mismo 같은, 동일한
error 잘못, 실수, 과실

콘택트렌즈를 끼고 자면 안 된다.

✏️ _____

✏️ _____

dormir 자다, 잠들다
lentes de contacto
콘택트렌즈

아이들은 커피를 마시면 안 된다.

✏️ _____

✏️ _____

niño 어린이, 어린아이
tomar café 커피를
마시다

**패턴 5**

🎧 MP3 030

# Hay que desayunar.

아침 식사를 해야 한다.

 **3번 듣고 스페인어 따라 써 보기**

**117**

아침 식사를 해야 한다.
## Hay que desayunar.

**118**

운동을 해야 한다.
## Hay que hacer ejercicios.

**119**

8시간 잠을 자야 한다.
## Hay que dormir ocho horas.

**120**

건강을 위해서 걸어야 한다.
## Hay que caminar para la salud.

**TIP** ▶ 'hay que + 동사원형'의 구문을 개인을 향하여 사용할 수도 있습니다. 예를 들어, 수업에 지각한 학생을 향하여 "Hay que ser punctual.(시간을 엄수해야 해.)"라고 말할 수 있습니다.

'hay que + 동사원형' 구문은 '～해야 한다'라는 의미이며, 특정 인칭을 지칭하는 말이 아닌 불특정 다수의 의무를 나타내는 표현으로, 보편적으로 누구에게나 적용되는 당위성을 나타낼 때 사용합니다.

## 🔊 우리말을 스페인어로 2번 쓰고 말해 보기

| 단어 |
| --- |

아침 식사를 해야 한다.

✎ _____

✎ _____

**desayunar** 아침 식사를 하다

운동을 해야 한다.

✎ _____

✎ _____

**hacer ejercicios** 운동을 하다

8시간 잠을 자야 한다.

✎ _____

✎ _____

**dormir** 자다, 잠들다
**hora** 시간, 시각

건강을 위해서 걸어야 한다.

✎ _____

✎ _____

**caminar** 걷다, 나아가다
**para la salud** 건강을 위해서

# 핵심 패턴 체크하기

☑ 중요 스페인어 문장을 다시 말하면서 써 보세요.

🔊
나는 살 빼야 해.

🔊
나는 방을 청소해야 해.

🔊
너 일찍 도착 안 해도 돼.

🔊
너 안 나가도 돼.

🔊
우리는 계획을 변경해야만 해.

🔊
우리는 법을 지켜야만 해.

🔊
미성년자들은 담배를 피우면
안 된다.

🔊
아이들은 커피를 마시면 안 된다.

🔊
아침 식사를 해야 한다.

🔊
건강을 위해서 걸어야 한다.

# 07

# necesitar 동사, hacer 동사를 사용한 표현 익히기

스페인어에서 자주 등장하는 -ar 규칙동사 'necesitar(필요하다)'를 사용하여 '~이/가 필요하다, ~하는 것이 필요하다'라는 의미의 필요를 나타내는 문장들을 만들 수 있습니다.
한편 hacer 동사를 사용하여 기본적인 의미인 '~을/를 하다, ~을/를 만들다', 날씨를 표현하여 '날씨가 ~(어떠)하다', 그리고 시간의 경과에 대한 표현으로 '~한 지 (시간)이 되었다' 등의 다양한 표현을 만들 수 있습니다.

# Necesito una pluma.

나는 펜이 필요해.

 **3번 듣고 스페인어 따라 써 보기**

121

나는 펜이 필요해.
## Necesito una pluma.

122

나는 너의 도움이 필요해.
## Necesito tu ayuda.

123

나는 화장실에 가야 해.
## Necesito ir al baño.

124

나는 뭘 좀 먹어야 해.
## Necesito comer algo.

84

necesitar 동사 다음에 명사를 붙여 주면 '~이/가 필요하다'라는 표현이 됩니다. 한편, 'necesitar + 동사원형'은 '~하는 것이 필요하다'라는 의미이며, 문맥에 따라서는 '~해야 한다'라는 의미로 사용될 때도 많이 있습니다.

## 우리말을 스페인어로 2번 쓰고 말해 보기

| 단어 |
| --- |

나는 펜이 필요해.

✏ _____

✏ _____

pluma 펜

나는 너의 도움이 필요해.

✏ _____

✏ _____

tu 너의(소유형용사 2인칭 단수형)
ayuda 도움, 협조

나는 화장실에 가야 해.

✏ _____

✏ _____

ir al baño 화장실에 가다

나는 뭘 좀 먹어야 해.

✏ _____

✏ _____

comer 먹다
algo 어떤 것, 무언가

패턴
**2**

 MP3 032

# Ellos hacen ejercicios.

그들은 운동을 해.

 3번 듣고 스페인어 따라 써 보기

**125**

그들은 운동을 해.
Ellos hacen ejercicios.

**126**

그들은 체크인을 해.
Ellos hacen el check-in.

**127**

그들은 호텔을 예약해.
Ellos hacen una reserva de hotel.

**128**

그들은 숙제를 해.
Ellos hacen la tarea.

86

'hacer + 명사'의 구문으로 '～을/를 하다' 또는 '～을/를 만들다'라는 의미의 문장을 만들 수 있습니다.

## 🗣 우리말을 스페인어로 2번 쓰고 말해 보기

그들은 운동을 해.

✏️ _____

✏️ _____

hacer ejercicios 운동을
하다

그들은 체크인을 해.

✏️ _____

✏️ _____

hacer el check-in
체크인을 하다

그들은 호텔을 예약해.

✏️ _____

✏️ _____

hacer una reserva
예약을 하다
de ~의
hotel 호텔 🔵

그들은 숙제를 해.

✏️ _____

✏️ _____

hacer la tarea 숙제를
하다

87

🎧 MP3 033

# Hace sol.

날씨가 화창하다.

 **3번 듣고 스페인어 따라 써 보기**

**129**

날씨가 화창하다.
## Hace sol.

✎ _____

**130**

바람이 분다.
## Hace viento.

✎ _____

**131**

날씨가 좋다.
## Hace buen tiempo.

✎ _____

**132**

날씨가 안 좋다.
## Hace mal tiempo.

✎ _____

**TIP** ▶ buen은 남성 단수명사 앞에서 'bueno(좋은)'의 o가 탈락한 형태이며, mal은 남성 단수명사 앞에서 'malo(나쁜, 좋지 않은)'의 o가 탈락된 형태입니다.

스페인어에서 날씨를 물어볼 때에는 "¿Qué tiempo hace hoy?(오늘 날씨 어때?)"라는 표현을 사용합니다.
이에 대한 답변으로 hacer의 3인칭을 사용한 'hace + 명사'로 표현하여 답변할 수 있습니다.

---

| 단어 |
| --- |

날씨가 화창하다.

✏ _____

✏ _____

sol 해, 태양 🔵

바람이 분다.

✏ _____

✏ _____

viento 바람

날씨가 좋다.

✏ _____

✏ _____

buen tiempo 좋은 날씨

날씨가 안 좋다.

✏ _____

✏ _____

mal tiempo 나쁜 날씨,
악천후

89

패턴
4

## Hace calor.

 MP3 034

날씨가 덥다.

 3번 듣고 스페인어 따라 써 보기

133

날씨가 덥다.
## Hace calor.

---

134

날씨가 춥다.
## Hace frío.

---

135

날씨가 선선하다.
## Hace fresco.

---

136

날씨가 매우 덥다.
## Hace mucho calor.

---

 **TIP** ▶ estar의 3인칭 단수형인 'está + 명사'를 사용하여 "Está nublado.(날씨가 흐리다.)", "Está despejado.(날씨가 화창하다.)" 등의 표현을 나타낼 수 있습니다.

스페인어에서 날씨 표현은 'hace + 명사' 이외에도 2장에서 다루었던 'hay + 명사' 또는 estar 동사를 활용하여 표현할 수도 있습니다.

## 🗣 우리말을 스페인어로 2번 쓰고 말해 보기

단어

날씨가 덥다.

✎ _____

✎ _____

**calor** 열, 뜨거움, 따뜻함, 더위 **남**

날씨가 춥다.

✎ _____

✎ _____

**frío** 차가운, 추운 **형**, 추위 **명**

날씨가 선선하다.

✎ _____

✎ _____

**fresco** 시원한, 서늘한 **형**, 서늘함 **명**

날씨가 매우 덥다.

✎ _____

✎ _____

**mucho** 많은, 풍부한 **형**, 많이, 매우, 정말로 **부**

패턴 5

# Hace un mes que estudio español.

내가 스페인어를 공부한 지 한 달 되었어.

 **3번 듣고 스페인어 따라 써 보기**

137

내가 스페인어를 공부한 지 한 달 되었어.
## Hace un mes que estudio español.

138

내가 부에노스아이레스에서 산 지 1년 되었어.
## Hace un año que vivo en Buenos Aires.

139

내가 약국에서 일한 지 일주일이 되었어.
## Hace una semana que trabajo en la farmacia.

140

내가 담배를 안 피운 지 2년이 되었어.
## Hace dos años que no fumo.

스페인어에서 시간의 경과를 나타내고자 할 때에는 'Hace + 기간 + que + 주어 + 동사'의 형식으로 표현합니다.

내가 스페인어를 공부한 지 한 달 되었어.

✎ _____

✎ _____

mes 달, 1개월
estudiar 공부하다
español 스페인어

내가 부에노스아이레스에서 산 지 1년 되었어.

✎ _____

✎ _____

año 연, 1년, 연도
vivir 살다
en ~에, ~안에
Buenos Aires 부에노스
아이레스(아르헨티나의 수도)

내가 약국에서 일한 지 일주일이 되었어.

✎ _____

✎ _____

semana 주, 일주일간
trabajar 일하다
farmacia 약국

내가 담배를 안 피운 지 2년이 되었어.

✎ _____

✎ _____

fumar 담배 피우다

93

# 핵심 패턴 체크하기

☑ 중요 스페인어 문장을 다시 말하면서 써 보세요.

🔊
나는 펜이 필요해.

🔊
나는 화장실에 가야 해.

🔊
그들은 운동을 해.

🔊
그들은 호텔을 예약해.

🔊
날씨가 화창하다.

🔊
바람이 분다.

🔊
날씨가 춥다.

🔊
날씨가 매우 덥다.

🔊
내가 스페인어를 공부한 지 한 달
되었어.

🔊
내가 약국에서 일한 지 일주일이
되었어.

# 08 의문사를 활용한 표현 익히기 (1)

**141-160**

의문사를 사용하여 다양한 스페인어 표현을 만들어서 활용할 수 있습니다. 스페인어의 의문사는 영어와 쓰임새가 다른 점도 일부 있으나 대체로 유사하게 사용할 수 있습니다. 유용한 표현들이 많이 있으니 잘 익혀서 일상회화 시에 알맞게 사용하시기 바랍니다.

**패턴 1**

# ¿Qué es esto?

🎧 MP3 036

이건 뭐야?

 **3번 듣고 스페인어 따라 써 보기**

**141**

이건 뭐야?
## ¿Qué es esto?

---

**142**

너는 뭐 마실래?
## ¿Qué quieres tomar?

---

**143**

너는 뭘 찾고 있니?
## ¿Qué buscas?

---

**144**

너는 뭘 가지고 있니?
## ¿Qué tienes?

---

qué는 '무엇', '무슨'이라는 의미로, 영어의 what에 해당되는 의문사입니다.

## 🗣️ 우리말을 스페인어로 2번 쓰고 말해 보기

| | 단어 |
|---|---|

이건 뭐야?

✏️ _____

✏️ _____

esto 이것, 이곳(대명사)

너는 뭐 마실래?

✏️ _____

✏️ _____

querer 원하다, 좋아하다
tomar 마시다, 잡다

너는 뭘 찾고 있니?

✏️ _____

✏️ _____

buscar 찾다, 구하다

너는 뭘 가지고 있니?

✏️ _____

✏️ _____

tener 가지다, 소유하다

패턴 **2**

# ¿Cómo estás?

🎧 MP3 037

어떻게 지내니?

🦻 **3번 듣고 스페인어 따라 써 보기**

🎧 **145**

✓○○

어떻게 지내니?

¿Cómo estás?

✏️ _____

🎧 **146**

✓○○

지하철역에 어떻게 가요?

¿Cómo puedo llegar a la estación de metro?

✏️ _____

🎧 **147**

✓○○

파라과이의 여름 날씨는 어떤가요?

¿Cómo es el clima de Paraguay en verano?

✏️ _____

🎧 **148**

✓○○

비프스테이크 굽기는 어떻게 원하세요?

¿Cómo quiere el bistec?

✏️ _____

의문사 cómo는 '어떻게'라는 의미이며, 영어의 **how**에 해당됩니다. 일상 대화 시에 상대방의 말을 잘못 알아들었을 때 "¿Cómo?" 또는 "¿Qué?"를 사용하여 "어떻게?"나 "뭐라고?"의 의미로 질문할 수 있습니다.

## 🔊 우리말을 스페인어로 2번 쓰고 말해 보기

### 단어

어떻게 지내니?

✏️ _____

✏️ _____

**estar** (상태가) ~이다, (장소에) ~이/가 있다

지하철역에 어떻게 가요?

✏️ _____

✏️ _____

**poder** (+ 동사원형) ~할 수 있다
**llegar** 도착하다
**estación de metro** 지하철역

파라과이의 여름 날씨는 어떤가요?

✏️ _____

✏️ _____

**clima** 기후 🔵
**de** ~의
**Paraguay** 파라과이 (남아메리카의 공화국)
**verano** 여름

비프스테이크 굽기는 어떻게 원하세요?

✏️ _____

✏️ _____

**querer** 원하다, 좋아하다
**bistec** 비프스테이크 🔵

99

# ¿Dónde estamos?

🎧 MP3 038

여기가 어디인가요?

## 3번 듣고 스페인어 따라 써 보기

🎧 **149** ✓◯◯

여기가 어디인가요?
### ¿Dónde estamos?

🎧 **150** ✓◯◯

화장실은 어디 있나요?
### ¿Dónde está el baño?

🎧 **151** ✓◯◯

이 근처에 약국이 어디 있나요?
### ¿Dónde hay una farmacia por aquí?

🎧 **152** ✓◯◯

우리 어디에서 볼까?
### ¿Dónde nos vemos?

**TIP** ▶ "¿De dónde eres tú?(너는 어디 출신이니?)" 등과 같이 전치사와 의문사를 함께 사용하여 의문문을 만들 때에는 항상 전치사를 의문사 앞에 위치해 줍니다.

의문사 dónde는 '어디'라는 의미이며, 영어의 **where**에 해당됩니다.

## 🗣 우리말을 스페인어로 2번 쓰고 말해 보기

여기가 어디인가요?

✎ _____

✎ _____

estar (상태가) ~이다,
(장소에) ~이/가 있다

화장실은 어디 있나요?

✎ _____

✎ _____

baño 화장실

이 근처에 약국이 어디 있나요?

✎ _____

✎ _____

farmacia 약국
por aquí 이 근처에

우리 어디에서 볼까?

✎ _____

✎ _____

verse 서로 보다, 만나다

패턴
**4**

🎧 MP3 039

# ¿Quién es Ricardo?

리카르도는 누구니?

 **3번 듣고 스페인어 따라 써 보기**

153

리카르도는 누구니?
## ¿Quién es Ricardo?

🖊

154

결혼식에는 누가 오나요?
## ¿Quiénes vienen a la boda?

🖊

155

이 컴퓨터는 누구의 것이니?
## ¿De quién es esta computadora?

🖊

156

전화 받으시는 분은 누구세요?
## ¿Con quién hablo?

🖊

quién은 '누구'라는 의미로, 영어의 who에 해당하는 의문사입니다. 두 명 이상의 사람을 지칭할 때에는 복수형인 quiénes를 써 줍니다. quién 앞에 전치사 de를 붙여 주면 '누구의, 누구로부터'라는 의미가 되고, 전치사 con을 붙여 주면 '누구와'라는 의미가 됩니다.

## 🔊 우리말을 스페인어로 2번 쓰고 말해 보기

리카르도는 누구니?

✏️ _____

✏️ _____

**es** ~이다(ser 동사의 직설법 현재 3인칭 단수형)

결혼식에는 누가 오나요?

✏️ _____

✏️ _____

**vienen** 오다(venir 동사의 직설법 현재 3인칭 복수형)
**a** ~에, ~으로
**boda** 결혼식

이 컴퓨터는 누구의 것이니?

✏️ _____

✏️ _____

**de** ~의
**esta** 이~, 이것(지시형용사 및 지시대명사 여성 단수형)
**computadora** 컴퓨터

전화 받으시는 분은 누구세요?

✏️ _____

✏️ _____

**con** ~와/과 함께
**hablo** 말하다(hablar 동사의 직설법 현재 1인칭 단수형)

# ¿Cuándo es tu cumpleaños?

너의 생일은 언제야?

**157**

너의 생일은 언제야?

## ¿Cuándo es tu cumpleaños?

✏

**158**

너는 언제 스페인어를 공부하니?

## ¿Cuándo estudias español?

✏

**159**

너는 언제 도착하니?

## ¿Cuándo llegas?

✏

**160**

너는 언제 끝나?

## ¿Cuándo terminas?

✏

cuándo는 '언제'라는 의미로, 영어의 **when**에 해당되는 의문사입니다.

## 🗣 우리말을 스페인어로 2번 쓰고 말해 보기

**단어**

너의 생일은 언제야?

🖊 _____

🖊 _____

**tu** 너의(소유형용사 2인칭 단수형)
**cumpleaños** 생일

너는 언제 스페인어를 공부하니?

🖊 _____

🖊 _____

**español** 스페인어
**estudiar** 공부하다

너는 언제 도착하니?

🖊 _____

🖊 _____

**llegar** 도착하다, 닿다

너는 언제 끝나?

🖊 _____

🖊 _____

**terminar** 끝내다, 완료하다

## 핵심 패턴 체크하기

☑ 중요 스페인어 문장을 다시 말하면서 써 보세요.

🔊
이건 뭐야?

🔊
너는 뭘 찾고 있니?

🔊
어떻게 지내니?

🔊
비프스테이크 굽기는 어떻게
원하세요?

🔊
여기가 어디인가요?

🔊
화장실은 어디 있나요?

🔊
리카르도는 누구니?

🔊
전화 받으시는 분은 누구세요?

🔊
너의 생일은 언제야?

🔊
너는 언제 끝나?

# 09

# 의문사를 활용한 표현 익히기 (2)

## 161-180

9장에서는 8장에 이어서 스페인어의 의문사 표현과 의문사를 활용하여 자주 쓰이는 유용한 구문들을 조금 응용하여 익혀 보도록 하겠습니다. 영어에서 what이 쓰이는 곳에 스페인어는 which에 해당하는 cuál이 사용되는 경우가 종종 있습니다. 이 점에 유의해서 숙지해 두시면 좋겠습니다.

## 패턴 1

🎧 MP3 041

# ¿**Cuál** es tu nombre?

너의 이름은 뭐니?

---

🔊 **3번 듣고 스페인어 따라 써 보기**

---

161

너의 이름은 뭐니?

## ¿Cuál es tu nombre?

✏️ _____

---

162

뭐가 문제니?

## ¿Cuál es el problema?

✏️ _____

---

163

너의 전화번호는 뭐니?

## ¿Cuál es tu número de teléfono?

✏️ _____

---

164

콜롬비아의 수도는 어디니?

## ¿Cuál es la capital de Colombia?

✏️ _____

---

영어와는 달리 스페인어에서는 영어의 **which**에 해당하는 **cuál**을 사용하여 이름을 물어보는 문장을 만들 수 있습니다. 즉, 'What is ~?'에 해당하는 문장을 스페인어로는 '¿**Cuál es** ~?'라고 표현해 줍니다. 둘 이상의 대상을 지칭할 때에는 복수형인 **cuáles**를 써 줍니다.

## 🗣 우리말을 스페인어로 2번 쓰고 말해 보기

| | 단어 |
|---|---|

너의 이름은 뭐니?

✎ _____

✎ _____

**tu** 너의(소유형용사 2인칭 단수형)
**nombre** 이름, 성명

뭐가 문제니?

✎ _____

✎ _____

**problema** 문제 🔵

너의 전화번호는 뭐니?

✎ _____

✎ _____

**número de teléfono**
전화번호

콜롬비아의 수도는 어디니?

✎ _____

✎ _____

**capital** 수도 🔴

**Colombia** 콜롬비아
(남아메리카의 공화국)

109

패턴
**2**

¿**Cuántos** años tiene él?

그는 몇 살이니?

 **3번 듣고 스페인어 따라 써 보기**

그는 몇 살이니?
## ¿Cuántos años tiene él?

165

---

그는 서른 살이야.
## Él tiene treinta años.

166

---

얼마예요?
## ¿Cuánto es?

167

---

10유로입니다.
## Son diez euros.

168

MP3 042

110

의문사 cuánto는 영어의 how much나 how many에 해당합니다. 형용사로는 '얼마나, 얼마나 많은'이라는 의미이고, 대명사로는 '몇 사람, 몇 개'라는 의미입니다. 성수에 따라서 Cuánto(a)/s 로 변형됩니다.

## 🔊 우리말을 스페인어로 2번 쓰고 말해 보기

### 단어

그는 몇 살이니?

🖋 _____

🖋 _____

año 연, 1년, 연도
tener 가지다, 소유하다
él 그, 그 남자, 그것(인칭 대명사 3인칭 단수 남성형)

그는 서른 살이야.

🖋 _____

🖋 _____

treinta 30, 서른, 30(서른) 의

얼마예요?

🖋 _____

🖋 _____

es ~이다(ser 동사의 직설법 현재 3인칭 단수형)

10유로입니다.

🖋 _____

🖋 _____

son ~이다(ser 동사의 직설법 현재 3인칭 복수형)
euro 유로화(유럽 연합 국가들의 통화 단위)

**MP3 043**

# ¿Por qué todavía estás en la escuela?

너는 왜 아직도 학교에 있니?

🎧 **3번 듣고 스페인어 따라 써 보기**

**169**

너는 왜 아직도 학교에 있니?

## ¿Por qué todavía estás en la escuela?

---

**170**

선생님과 약속이 있어서.

## Porque tengo una cita con mi profesor.

---

**171**

너는 왜 춤을 추지 않니?

## ¿Por qué no bailas?

---

**172**

난 춤을 잘 못 춰서.

## Porque no bailo bien.

'¿Por qué?'라고 띄어쓰기 하면 영어의 **why**에 해당하는 의문사가 되고, 'porque'라고 붙인 후 악센트를 빼면 **because**에 해당하는 질문에 대한 답변을 할 때 사용하는 표현이 됩니다. '¿Por qué no ~?'를 사용하여 '왜 ~하지 않니?'라는 표현을 만들 수 있습니다.

## 🗣 우리말을 스페인어로 2번 쓰고 말해 보기

**단어**

너는 왜 아직도 학교에 있니?

🖎 _____

🖎 _____

todavía 아직, 지금까지
escuela 학교

선생님과 약속이 있어서.

🖎 _____

🖎 _____

tener 가지다, 소유하다
cita 약속, 데이트
con ~와/과
mi 나의(소유형용사 1인칭 단수형)
profesor 선생님

너는 왜 춤을 추지 않니?

🖎 _____

🖎 _____

bailar 춤추다

난 춤을 잘 못 춰서.

🖎 _____

🖎 _____

bien 잘, 바르게

113

# ¿A qué hora sale el tren?

  MP3 044

기차는 몇 시에 출발하니?

 **3번 듣고 스페인어 따라 써 보기**

173

기차는 몇 시에 출발하니?
## ¿A qué hora sale el tren?

174

기차는 네 시에 출발해.
## El tren sale a las cuatro.

175

영화는 몇 시에 시작하니?
## ¿A qué hora empieza la película?

176

영화는 한 시 반에 시작해.
## La película empieza a la una y media.

영어의 to 또는 at을 나타내는 전치사 a와 'qué + hora'를 써 주면 '몇 시에?'라는 표현이 됩니다. 이에 대한 답변으로 시간을 나타낼 때에는 'a la(las) + 시간'을 써서 나타내 줍니다.

## 🔊 우리말을 스페인어로 2번 쓰고 말해 보기

| 단어 |

기차는 몇 시에 출발하니?

✏️ _____

✏️ _____

> **salir** 나가다, 나오다, 출발하다
> **tren** 기차, 열차

기차는 네 시에 출발해.

✏️ _____

✏️ _____

> **a las cuatro** 네 시에

영화는 몇 시에 시작하니?

✏️ _____

✏️ _____

> **película** 영화

영화는 한 시 반에 시작해.

✏️ _____

✏️ _____

> **empezar** 시작하다
> **a la una y media** 한 시 반에

**패턴 5**

# ¿Qué tal si vamos al cine?

🎧 MP3 045

우리 영화관에 가는 게 어때?

---

## 3번 듣고 스페인어 따라 써 보기

우리 영화관에 가는 게 어때?

### ¿Qué tal si vamos al cine?

---

우리 같이 저녁 먹는 게 어때?

### ¿Qué tal si cenamos juntos?

---

우리 쉬는 게 어때?

### ¿Qué tal si descansamos?

---

우리 나중에 이야기하는 게 어때?

### ¿Qué tal si hablamos más tarde?

---

**TIP** ▶ vamos는 동사 'ir(가다)'의 1인칭 복수형입니다.

안부를 묻는 표현인 '¿Qué tal?'에 영어의 if에 해당하는 si를 붙여 주면 '~하는 게 어때?'라는 상대방의 의견을 묻는 질문이 됩니다.

## 🗣 우리말을 스페인어로 2번 쓰고 말해 보기

### 단어

우리 영화관에 가는 게 어때?

✎ _____

✎ _____

ir a ~에 가다
cine 영화관 🔵

우리 같이 저녁 먹는 게 어때?

✎ _____

✎ _____

cenar 저녁 식사를 하다
juntos 함께, 같이

우리 쉬는 게 어때?

✎ _____

✎ _____

descansar 쉬다

우리 나중에 이야기하는 게 어때?

✎ _____

✎ _____

hablar 말하다
más tarde 추후, 나중에

117

## 핵심 패턴 체크하기

☑ 중요 스페인어 문장을 다시 말하면서 써 보세요.

🔊
너의 이름은 뭐니?

🔊
너의 전화번호는 뭐니?

🔊
그는 몇 살이니?

🔊
얼마예요?

🔊
너는 왜 아직도 학교에 있니?

🔊
너는 왜 춤을 추지 않니?

🔊
기차는 몇 시에 출발하니?

🔊
영화는 몇 시에 시작하니?

🔊
우리 영화관에 가는 게 어때?

🔊
우리 나중에 이야기하는 게 어때?

118

# 10

# 명령형 표현 익히기

181-200

10장에서는 명령이나 조언을 할 때 주로 사용되는 스페인어 명령형
표현들에 대해서 살펴보도록 하겠습니다.

🎧 MP3 046

# Habla más despacio.

좀 더 천천히 말해.

## 3번 듣고 스페인어 따라 써 보기

**181**
✓○○

좀 더 천천히 말해.
Habla más despacio.

**182**
✓○○

커피 마셔.
Toma café.

**183**
✓○○

좀 더 먹어.
Come un poco más.

**184**
✓○○

행복하게 살아.
Vive felizmente.

**TIP** ▶ 명령형 뒤에는 "Habla./Habla tú.(말해.)" 같이 주어를 써도 되고 생략해도 됩니다.

120

'~해!'라는 의미의 tú 긍정명령형은 직설법 현재시제 3인칭 단수와 동일한 형태를 갖습니다. 예를 들어, hablar는 'habla(현재형 3인칭 단수 = tú 긍정명령)', comer는 'come(현재형 3인칭 단수 = tú 긍정명령)', vivir는 'vive(현재형 3인칭 단수 = tú 긍정명령)'가 됩니다.

## 🔊 우리말을 스페인어로 2번 쓰고 말해 보기 | 단어

좀 더 천천히 말해.

✏️ _____

✏️ _____

| | |
|---|---|
| **hablar** 말하다 | |
| **más** 더, 더욱, 더많이 | |
| **despacio** 천천히, 느릿느릿 | |

커피 마셔.

✏️ _____

✏️ _____

**tomar** 마시다, 잡다
**café** 커피

좀 더 먹어.

✏️ _____

✏️ _____

**un poco más** 좀 더

행복하게 살아.

✏️ _____

✏️ _____

**vivir** 살다
**felizmente** 행복하게

# No llores.

🎧 MP3 047

울지 마.

👂 **3번 듣고 스페인어 따라 써 보기**

**185**

울지 마.
No llores.

**186**

창문을 열지 마.
No abras la ventana.

**187**

노래 부르지 마.
No cantes.

**188**

테킬라 마시지 마.
No tomes tequila.

'∼하지 마.'라는 의미의 tú 부정명령형을 만들려면 우선 1인칭 단수 현재형에서 o를 빼 줍니다. 그리고 동사원형이 -ar로 끝나는 동사들은 어간에 es를, -er이나 -ir로 끝나는 동사들은 어간에 as를 붙여 줍니다. 이렇게 변형된 동사 앞에 no를 붙여 주면 부정명령형이 됩니다. 예를 들어, hablar는 hablo(현재형 1인칭 단수)로 바꾸어서 No hables (tú) 부정명령형으로 만들어 줍니다.

| 우리말을 스페인어로 2번 쓰고 말해 보기 | 단어 |
|---|---|

울지 마.

✎ _____

✎ _____

**llorar** 울다, 눈물을 흘리다

창문을 열지 마.

✎ _____

✎ _____

**abrir** 열다, 펴다
**ventana** 창문

노래 부르지 마.

✎ _____

✎ _____

**cantar** 노래하다

테킬라 마시지 마.

✎ _____

✎ _____

**tomar** 마시다, 잡다
**tequila** 테킬라(용설란의 일종으로 빚은 진 비슷한 멕시코의 술)

# Espere un momento.

잠시만 기다려 주세요.

 **3번 듣고 스페인어 따라 써 보기**

189

(당신) 잠시만 기다려 주세요.

## Espere un momento.

190

(당신) 과일을 사세요.

## Compre frutas.

191

(당신들) 운동하세요.

## Hagan ejercicio.

192

(당신들) 이쪽으로 오세요.

## Vengan por aquí.

usted 긍정명령형은 1인칭 단수 현재형에서 동사원형이 -ar로 끝나는 동사는 o를 e로, 동사원형이 -er이나 -ir로 끝나는 동사는 o를 a로 바꿔 줍니다. 여기에 n을 붙이면 ustedes의 명령형이 됩니다. 예를 들어, vivir 동사의 현재형 1인칭 단수는 vivo이고 usted의 긍정명령은 viva, ustedes의 긍정명령은 vivan이 됩니다.

## 🔊 우리말을 스페인어로 2번 쓰고 말해 보기 | 단어

(당신) 잠시만 기다려 주세요.

✎

✎

esperar 기다리다
un momento 잠시

(당신) 과일을 사세요.

✎

✎

comprar 사다, 구입하다
fruta 과일

(당신들) 운동하세요.

✎

✎

hacer ejercicios 운동을 하다

(당신들) 이쪽으로 오세요.

✎

✎

venir 오다, 다가오다
por aquí 이 근처에, 이쪽으로

125

# No coma pan.

🎧 MP3 049

빵을 먹지 마세요.

 **3번 듣고 스페인어 따라 써 보기**

193

(당신) 빵을 먹지 마세요.

## No coma pan.

194

(당신들) 춤을 추지 마세요.

## No bailen.

195

(당신) 문을 닫지 마세요.

## No cierre la puerta.

196

(당신들) 늦게 도착하지 마세요.

## No lleguen tarde.

바로 앞에서 공부한 usted 긍정명령형 앞에 **no**를 붙이면 부정명령형이 됩니다. 마찬가지로 usted의 명령형에 **n**을 붙여 주면 ustedes 명령형이 됩니다.

## 🗣️ 우리말을 스페인어로 2번 쓰고 말해 보기

(당신) 빵을 먹지 마세요.

🖊 _____

🖊 _____

comer 먹다
pan 빵 🍞

(당신들) 춤을 추지 마세요.

🖊 _____

🖊 _____

bailar 춤추다

(당신) 문을 닫지 마세요.

🖊 _____

🖊 _____

cerrar 닫다, 덮다, 잠그다
puerta 문, 문짝

(당신들) 늦게 도착하지 마세요.

🖊 _____

🖊 _____

llegar 도착하다
tarde 늦게, 늦은 시간에

127

# Dame una revista.

MP3 050

잡지 한 권 줘.

**3번 듣고 스페인어 따라 써 보기**

197

잡지 한 권 줘.

## Dame una revista.

198

그걸 나에게 말하지 마.

## No me lo digas.

199

(당신) 저를 도와주세요.

## Ayúdeme.

200

(당신) 불을 끄지 마세요.

## No apague la luz.

 **TIP** 긍정명령형에서 간접목적격 대명사나 직접목적격 대명사가 나오고, 대명사를 붙인 명령 형태가 3음절 이상인 경우에 끝에서 세 번째 음절에 악센트를 붙여 줍니다.

스페인어의 목적격 대명사는 긍정명령형에서는 한 단어처럼 명령형 동사 뒤에 바로 붙여 줍니다. 그리고 부정명령의 경우에는 부정명령형 앞에 위치해 줍니다. 간접목적어와 직접목적어가 함께 나올 경우에는 다른 동사들과 마찬가지로 간접목적어가 먼저 나오고 직접목적어가 그 다음에 나옵니다.

## 🗣️ 우리말을 스페인어로 2번 쓰고 말해 보기

| 단어 |
| --- |

잡지 한 권 줘.

✎ _____

✎ _____

dar 주다
me 나를, 나에게(직접, 간접목적격 대명사)
revista 잡지

그걸 나에게 말하지 마.

✎ _____

✎ _____

decir 말하다, 기술하다

(당신) 저를 도와주세요.

✎ _____

✎ _____

ayudar 돕다, 협조하다

(당신) 불을 끄지 마세요.

✎ _____

✎ _____

apagar la luz 불을 끄다, 소등하다

# 핵심 패턴 체크하기

🔊
좀 더 천천히 말해.

🔊
커피 마셔.

🔊
울지 마.

🔊
노래 부르지 마.

🔊
(당신) 잠시만 기다려 주세요.

🔊
(당신들) 이쪽으로 오세요.

🔊
(당신) 빵을 먹지 마세요.

🔊
(당신들) 늦게 도착하지 마세요.

🔊
잡지 한 권 줘.

🔊
(당신) 저를 도와주세요.

CAPÍTULO

# 11

# 수동태와 현재완료 익히기

**201-220**

스페인어의 수동태는 estar 동사 또는 ser 동사를 사용하여 만들 수 있습니다. 한편, 현재완료 용법은 영어의 현재완료와 거의 유사하며 'haber의 현재형 + 과거분사'의 형태를 띕니다. 현재완료는 이전에 발생한 일들을 나타내는 표현으로, 과거의 일이지만 그것이 현재까지 영향을 미치고 있는 경우에 주로 사용됩니다.

🎧 MP3 051

# La comida está preparada.

식사가 다 준비되었다.

**👂 3번 듣고 스페인어 따라 써 보기**

---

🎧
**201**
✔○○

식사가 다 준비되었다.
## La comida está preparada.

_____

🎧
**202**
✔○○

창문은 닫혀 있다.
## La ventana está cerrada.

_____

🎧
**203**
✔○○

후안은 매우 피곤하다.
## Juan está muy cansado.

_____

🎧
**204**
✔○○

엘레나는 바쁘다.
## Elena está ocupada.

_____

**TIP** ▶ 과거분사는 형용사화하여 형용사로 사용할 수 있습니다. 이때 과거분사의 형태는 수식을 받는 명사의
성과 수에 일치시켜 줍니다.

'estar + 과거분사 (+ 전치사 por)'는 행위나 동작이 완료된 상태를 표현합니다.

식사가 다 준비되었다.

✎ _____

✎ _____

comida 식사
preparar 준비하다

창문은 닫혀 있다.

✎ _____

✎ _____

ventana 창문
cerrar 닫다, 덮다, 잠그다

후안은 매우 피곤하다.

✎ _____

✎ _____

cansado(a) (육체적이나 정신적으로) 피곤한, 지친, (무엇에) 싫증 난

엘레나는 바쁘다.

✎ _____

✎ _____

ocupado(a) 바쁜, 사용 중인

133

# Alicia es amada por Francisco.

알리시아는 프란시스코에게 사랑을 받는다.

**3번 듣고 스페인어 따라 써 보기**

---

**205**

알리시아는 프라시스코에게 사랑을 받는다.

Alicia es amada por Francisco.

---

**206**

후안은 모든 사람들에게 존경을 받는다.

Juan es respetado por todos.

---

**207**

올리비아에 의해 과일이 팔린다. (올리비아가 과일을 판다.)

La fruta es vendida por Olivia.

---

**208**

우리 어머니에 의해 옷이 세탁되어진다. (우리 어머니가 옷을 세탁하신다.)

La ropa es lavada por mi madre.

'ser + 과거분사 (+ 전치사 por)'는 단순한 수동태 행위 및 동작을 표현할 때 사용됩니다.

우리말을 스페인어로 2번 쓰고 말해 보기

알리시아는 프란시스코에게 사랑을 받는다.

amar 사랑하다
por ~에 의해(수동태에서
행위자를 나타냄)

후안은 모든 사람들에게 존경을 받는다.

respetar 존경하다, 존중
하다
todos 모든 사람, 모두
(todo의 복수형)

올리비아에 의해 과일이 팔린다. (올리비아가 과일을 판다.)

fruta 과일
vender 팔다, 판매하다

우리 어머니에 의해 옷이 세탁되어진다. (우리 어머니가 옷을 세탁하신다.)

ropa 의복, 옷
lavar 세탁하다, 씻다
mi 나의(소유형용사 1인칭
단수형)

135

# He estado en Suiza.

나는 스위스에 가 본 적이 있어.

## 3번 듣고 스페인어 따라 써 보기

209

나는 스위스에 가 본 적이 있어.
### He estado en Suiza.

210

나는 그 피자를 먹어 본 적이 있어.
### He comido esa pizza.

211

나는 숙제를 다 했어.
### He terminado la tarea.

212

나는 파라과이에서 스페인어를 배운 적이 있어.
### He aprendido español en Paraguay.

현재완료는 현재까지의 경험을 나타내거나 현재까지 지속된 행위 및 동작의 결과를 나타낼 때 사용합니다. 현재완료 haber의 현재형(he, has, ha, hemos, habéis, han) 바로 다음에 쓰이는 과거분사는 주어와의 성수 일치 없이 항상 남성 단수형을 사용합니다. 즉, 시제로 사용된 동사이기 때문에 성수를 일치하지 않습니다.

## 우리말을 스페인어로 2번 쓰고 말해 보기

| 단어 |
| --- |

나는 스위스에 가 본 적이 있어.

✎ _____

✎ _____

Suiza 스위스

나는 그 피자를 먹어 본 적이 있어.

✎ _____

✎ _____

comer 먹다
esa 그~(지시형용사)
pizza 피자

나는 숙제를 다 했어.

✎ _____

✎ _____

terminar 끝내다, 완료하다
tarea 숙제, 과제

나는 파라과이에서 스페인어를 배운 적이 있어.

✎ _____

✎ _____

aprender 배우다
español 스페인어
Paraguay 파라과이
(남아메리카의 공화국)

## 패턴 4

# Hoy he comido en un restaurante italiano.

오늘 나는 이탈리안 레스토랑에서 식사를 했어.

 **3번 듣고 스페인어 따라 써 보기**

---

오늘 나는 이탈리안 레스토랑에서 식사를 했어.

**213**

Hoy he comido en un restaurante italiano.

---

오늘 나는 그 프로젝트를 끝마쳤어.

**214**

Hoy he terminado el proyecto.

---

오늘 나는 일찍 집을 나왔어.

**215**

Hoy he salido temprano de casa.

---

오늘 나는 오렌지를 사러 갔어.

**216**

Hoy he ido a comprar naranjas.

---

현재완료는 과거의 일이 현재의 사실과 관련이 있을 때 사용되는 구문이며, 과거의 사건, 행위와 'hoy(오늘)', 'esta mañana(오늘 아침)', 'esta semana(이번 주)', 'este año(올해)' 등 과거의 시점이 현재를 포함하고 있는 표현과 같이 쓰일 때 사용됩니다.

## 🗣 우리말을 스페인어로 2번 쓰고 말해 보기

오늘 나는 이탈리안 레스토랑에서 식사를 했어.

✎ _____

✎ _____

comer 먹다
restaurante 식당, 레스토랑

오늘 나는 그 프로젝트를 끝마쳤어.

✎ _____

✎ _____

terminar 끝내다, 완료하다
proyecto 프로젝트, 기획, 안

오늘 나는 일찍 집을 나왔어.

✎ _____

✎ _____

salir 나가다, 나오다
temprano 이른 시간에, 일찍
casa 집

오늘 나는 오렌지를 사러 갔어.

✎ _____

✎ _____

ir 가다
comprar 사다, 구입하다
naranja 오렌지

139

패턴 **5**

🎧 MP3 055

# ¿Has probado la paella?

너 빠에야 먹어 본 적 있어?

**3번 듣고 스페인어 따라 써 보기**

🎧 **217**
✓○○

너 빠에야 먹어 본 적 있어?
## ¿Has probado la paella?
✏

🎧 **218**
✓○○

나는 아직 빠에야를 먹어 본 적이 없어.
## Todavía no he probado la paella.
✏

🎧 **219**
✓○○

너 스페인에 가 본 적 있어?
## ¿Has estado en España?
✏

🎧 **220**
✓○○

나는 아직 스페인에 가 본 적이 없어.
## Todavía no he estado en España.
✏

**TIP**

'¿Has + 과거분사 ~?(너 ~한 적 있어?)'라는 질문에 대하여 "Todavía no.(아직 없어.)"라고 짧게 답할 수도 있습니다.

140

'주어 + haber의 현재형(he, has, ha, hemos, habéis, han) + 과거분사'로 구성되는 스페인어 현재완료 구문을 의문문으로 만들고자 할 때에는 주어와 haber의 현재형의 위치를 서로 바꾸어 주면 됩니다.

## 🗣 우리말을 스페인어로 2번 쓰고 말해 보기

| 단어 |
| --- |

너 빠에야 먹어 본 적 있어?

✎ _____

✎ _____

**probar** 먹어 보다, 마셔 보다, 입어 보다
**paella** 빠에야

나는 아직 빠에야를 먹어 본 적이 없어.

✎ _____

✎ _____

**todavía** 아직, 지금까지

너 스페인에 가 본 적 있어?

✎ _____

✎ _____

**España** 스페인

나는 아직 스페인에 가 본 적이 없어.

✎ _____

✎ _____

🔊
식사가 다 준비되었다.

🔊
후안은 매우 피곤하다.

🔊
알리시아는 프란시스코에게
사랑을 받는다.

🔊
후안은 모든 사람들에게 존경을
받는다.

🔊
나는 스위스에 가 본 적이 있어.

🔊
나는 숙제를 다 했어.

🔊
오늘 나는 이탈리안 레스토랑에서
식사를 했어.

🔊
오늘 나는 오렌지를 사러 갔어.

🔊
너 빠에야 먹어 본 적 있어?

🔊
나는 아직 빠에야를 먹어 본 적이
없어.

¡Chao!